Z nowej polskiej poezji The New Polish Poetry

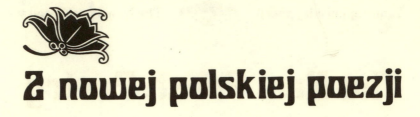

Z nowej polskiej poezji

Zbiór w dwóch językach

Pod redakcją
Milne Holton *i* Paul Vangelisti

University of

The New Polish Poetry

A Bilingual Collection

Compiled and Edited by
Milne Holton *and* Paul Vangelisti

Pittsburgh Press

Published by the University of Pittsburgh Press, Pittsburgh, Pa. 15260
Copyright © 1978, Milne Holton and Paul Vangelisti
Feffer and Simons, Inc., London
Manufactured in the United States of America

Library of Congress Cataloging in Publication Data

Main entry under title:

The New Polish poetry.

  (Pitt poetry series)
    1.   Polish poetry—20th century—Translations
into English.   2.   English poetry—Translations
from Polish.   3.   Polish poetry—20th century.
I.   Holton, Milne.   II.   Vangelisti, Paul.
III.   Title: Z nowej polskiej poezji.
PG7445.E3N4   891.8'5'1708   77–15735
ISBN 0-8229-3372-1
ISBN 0-8229-5292-1 pbk.

To our students of the poetry translation workshop

at the Poznań English Language Seminar

Spis rzeczy

Contents

Spis rzeczy

Contents

Spis rzeczy

Contents

Preface

Auspiciously, we hope, it was at Adam Mickiewicz University, at the Poznań English Language Seminar during August of 1976, that the editors of this collection first met. We had both been separately aware of the need for a collection of contemporary Polish poetry in English translation; Czesław Miłosz's excellent collection of 1965, *Post-War Polish Poetry*, was by then more than ten years old, and many new poets had appeared since, poets whose orientations and awarenesses were no longer to be explained as reactions to the Skamander group, whether as participants of the First or the Second Vanguard, or even simply as evidence of the renaissance in Polish poetry after 1956.*

Our opportunity to fill this need came in Poznań, where we joined with a group of interested participants to begin the translation of Polish poets who we agreed to be "contemporary." We began with Tadeusz Różewicz and Zbigniew Herbert, who must occupy important places; they have long been established as leading postwar poets, and their influence continues to be felt. For similar reasons we set about translating poems by Szymborska and Białoszewski. And Nowak, Grochowiak, and Kozioł (young poets for Miłosz, but now established and important) must also be included.

Moreover, we sensed that these had now been joined by others of their own generation and succeeded by still others—the generation of poets born in the 1940s, whose postwar experience had shaped new and differing sensibilities, new and differing voices. These we must undertake to identify and to represent in our collection. Taken together, they

---

*The editors are aware of the following volumes published since Miłosz's 1965 collection: Victor Contoski's *Four Contemporary Polish Poets* (Quixote, 1967) and his translation of Jerzy Harasymowicz's *Planting Beeches* (New Rivers, 1975); Czerniawski's translations of Różewicz, *Faces of Anxiety* (Swallow, 1969); *Five Centuries of Polish Poetry, 1450–1970*, edited by Jerzy Pietrkiewicz and Burns Singer (Oxford University Press, 1970); Zdzisław Peszkowski's *Contemporary Polish Marian Poetry* (Poets and Painters Press, 1974); Busza and Czaykowski's translations of Białoszewski's *The Revolution of Things* (Charioteer, 1974); and the translation of Jerzy Harasymowicz's *Genealogy of Instruments* by Leach and Mayne (Valley Editions, 1974). Peszkowski's collection is, of course, of a very specialized nature, and Pietrkiewicz and Singer included in theirs no poets then living. Celina Wieniewska, who edited *Polish Writing Today* for Penguin in 1967, included a number of contemporary poets in her collection.

could be expected to manifest the influences of their predecessors—of Różewicz and Nowak as well as of Herbert—but, together and separately, they seemed to be moving Polish poetry beyond its traditional concerns and intensities to new, more subjective, more universal, and perhaps more contemporary directions. At times their poems seemed almost postmodern, postnationalist, postpolitical. It was high time that they be translated and collected.

In our collection we attempted to bring together a number of poets writing in Poland today or of sufficiently recent significance as to be of immediate impact upon the poetry of contemporary Poland. With one or two exceptions we did not consider poems written before 1956. Nor have we considered the work of poets who left Poland in the years immediately following World War II and who, for whatever reason, have lived abroad since. Whatever its impact upon the international poetic community, their work has not, it seems, been shaped by the same kinds of experience as that of the Polish poets who have stayed behind. Perhaps for this reason their work has not had a directly shaping influence upon that of the poets living and writing in Poland today.

We must disavow at the outset any claim to comprehensiveness. There are many individuals, many directions, many voices in today's Polish poetry. It is written in Poznan and Wrocław, in Warsaw and Cracow and Gdańsk; it is written by academics and film critics and by poets of peasant origins whose first insistence is upon their roots. Indeed, we cannot even claim that ours is a representative selection, even if such a thing be possible. It must be read only as a sampler—as poems we admire by poets we regard as important. For this collection has in it too few poems for us to claim more.

The translators of this collection worked as a team, and therefore our translations are to be regarded as the responsibility of the editors, even though a first translator is usually identified and it is to him or her that any credit due is to be given. It is important that all who met regularly with us in the long translation sessions over the course of the seminar be mentioned by name. These translators, whose first language is Polish, must be considered equally with the editors (whose first language is English) as the motive force behind this collection. They are:

Preface

Maria Arasimowicz
Bożena Bialik
Sylvester Domański
Marek Englender
Danuta Gabryś
Iwona Gleb
Krystyna Kamińska
Elżbieta Majnusz
Janusz Maliszewski
Ewa Marczewska
Anna Morlewska
Ela Perepeczko
Barbara Rejak
Jolanta Raczko
Małgorzata Sady

Acknowledgments

A special debt of gratitude is owed to Gloria Kreisher, English Teaching Specialist, United States Information Service, at the American Embassy, Warsaw, and American Director at the Poznań Seminar, who believed from the outset in the value of our work and who, during the seminar and after, has been generous and committed in her cooperation and assistance. Anna Wilbik, her extremely competent assistant, has been no less committed.

We wish to thank the Authors' Agency of the Polish People's Republic. Through the kind assistance of Mr. Andrzej Mierzejewski, the Agency has obtained for us permission to publish and to translate the poems included in this book.

We must also offer our thanks to the Department of State of the United States, whose generous grant made our presence in Poland and our work on the collection possible.

In Washington, D.C., Irene and George Suboczewski have shown an early interest in our work and have been unstinting in their excellent advice and skilled editorial assistance. Without their help the collection would not have been possible. Lastly we would thank our wives, for their help but also for their forbearance.

Z nowej polskiej poezji The New Polish Poetry

TADEUSZ RÓŻEWICZ

Lament

Zwracam się do was kaplani
nauczyciele sędziowie artyści
szewcy lekarze referenci
i do ciebie mój ojcze
Wysłuchajcie mnie.

Nie jestem młody
niech was smukłość mego ciała
nie zwodzi
ani tkliwa biel szyi
ani jasność otwartego czoła
ani puch nad słodką wargą
ni śmiech cherubiński
ni krok elastyczny.

nie jestem młody
niech was moja niewinność
nie wzrusza
ani moja czystość
ani moja słabość
kruchość i prostota

mam lat dwadzieścia
jestem mordercą
jestem narzędziem
tak ślepym jak miecz
w dłoni kata
zamordowałem człowieka
i czerwonymi palcami
gładziłem białe piersi kobiet.

Okaleczony nie widziałem
ani nieba ani róży
ptaka gniazda drzewa
świętego Franciszka
Achillesa i Hektora

TADEUSZ RÓŻEWICZ

Lament

I speak to you priests
judges artists and teachers
shoemakers doctors and clerks
and to you my father
hear me out.

I am not young
do not let my body's leanness
deceive you
nor the soft whiteness of my neck
nor the brightness of an open mind
nor the down above my sweet lip
nor my cherubic laughter
nor the spring in my step.

I am not young
do not let my innocence
move you
nor my chasteness
nor my weakness
my fragile simplicity

I am twenty
I am a murderer
I am an instrument
blind as a sword
in the headsman's hand
I have murdered men
and with red fingers
I have stroked the white breasts of women.

Maimed I saw neither
a sky nor a rose
nor a bird a nest a tree
nor Saint Francis
nor Achilles nor Hector

TADEUSZ RÓŻEWICZ

Przez sześć lat
buchał z nozdrza opar krwi
Nie wierzę w przemianę wody w wino
nie wierzę w grzechów odpuszczenie
nie wierzę w ciała zmartwychwstanie.

Kto jest poetą

poetą jest ten który pisze wiersze
i ten który wierszy nie pisze

poetą jest ten który zrzuca więzy
i ten który więzy sobie nakłada

poetą jest ten który wierzy
i ten który uwierzyć nie może

poetą jest ten który kłamał
i ten którego okłamano

ten który upadał
i ten który się podnosi

poetą jest ten który odchodzi
i ten który odejść nie może

Moja Poezja

niczego nie tłumaczy
niczego nie wyjaśnia
niczego się nie wyrzeka

for six years
the vapors of blood have stuck in my nostrils
I do not believe water can change into wine
I do not believe in the forgiveness of sins
I do not believe in the resurrection of the body.

1946
Translation by Marek Englender

Who Is a Poet

a poet is one who writes poems
and one who does not

a poet is one who throws off chains
and one who puts them on

a poet is one who believes
and one who cannot

a poet is one who lies
and one who was told lies

one who falls down
and one who rises

a poet is one who goes away
and one who cannot

1961
Translation by Janusz Maliszewski

My Poetry

interprets nothing
explains nothing
renounces nothing

nie ogarnia sobą całości
nie spełnia nadziei

nie stwarza nowych reguł gry
nie bierze udziału w zabawie
ma miejsce zakreślone
które musi wypełnić

jeśli nie jest mową ezoteryczną
jeśli nie mówi oryginalnie
jeśli nie zadziwia
widocznie tak trzeba

jest posłuszna własnej konieczności
własnym możliwościom
i ograniczeniom
przegrywa sama ze sobą

nie wchodzi na miejsce innej
i nie może być przez inną zastąpiona
otwarta dla wszystkich
pozbawiona tajemnicy

ma wiele zadań
którym nigdy nie podoła

TADEUSZ RÓŻEWICZ

does not embrace the whole
does not fulfill hope

does not make new rules for the game
does not try to entertain
it has a particular place
it must fill

if it is not an esoteric speech
if it does not speak freshly
if it does not astonish
obviously it should be so

it conforms to its own necessity
its own capabilities
and restrictions
it is self-defeating

it takes the place of nothing
and nothing can take its place
open to everyone
deprived of mystery

it has many purposes
it will never achieve

1966
Translation by Krystyna Kamińska,
Janusz Maliszewski, and Ela Perepeczko

ZBIGNIEW HERBERT

Kołatka

Są tacy którzy w głowie
hodują ogrody
a włosy ich są ścieżkami
do miast słonecznych i białych

łatwo im pisać
zamykają oczy
a już z czoła spływają
ławice obrazów

moja wyobraźnia
to kawałek deski
a za cały instrument
mam drewniany patyk

uderzam w deskę
a ona mi odpowiada
tak—tak
nie—nie

innym zielony dzwon drzewa
niebieski dzwon wody
ja mam kołatkę
od nie strzeżonych ogrodów

uderzam w deskę
a ona podpowiada
suchy poemat moralisty
tak—tak
nie—nie

ZBIGNIEW HERBERT

Knocker*

There are those who in their heads
cultivate gardens
and their hairs are paths
to cities sunny and white

it is easy for them to write
they close their eyes
and instantly shoals of images
pour down their foreheads

my imagination
is a piece of board
and to complete the instrument
I have a wooden stick

I strike the board
and it answers
yes—yes
no—no

for others a green bell of tree
a blue bell of water
I have the knocker
to unguarded gardens

I strike the board
and it prompts me
with a dry moral poem
yes—yes
no—no

1957
Translation by Marek Englender

---

*The word *kołatka* is used for a door knocker and also for the warning device to be carried by lepers. ED.

Wróżenie

Wszystkie linie zagłębiają się w dolinie dłoni
w małej jamie gdzie bije źródełko losu
oto linia życia patrzcie przebiega jak strzała
widnokrąg pięciu palców rozjaśniony potokiem
który rwie naprzód obalając przeszkody
i nie ma nic piękniejszego nic potężniejszego
niż to dążenie naprzód

jakże bezradna jest przy niej linia wierności
jak okrzyk nocą jak rzeka pustyni
poczęta w piasku i ginąca w piasku
może głębiej pod skórą przedłuża się ona
rozgarnia tkankę mięśni i wchodzi w arterie
byśmy spotykać mogli nocą naszych zmarłych
we wnętrzu gdzie się toczy wspomnienie i krew
w sztolniach studniach komorach
pełnych ciemnych imion

tego wzgórza nie było—przecież dobrze pamiętam
tam było gniazdo czułości tak krągłe jak gdyby
ołowiu łza gorąca upadła na rękę
pamiętam przecież włosy pamiętam cień policzka
kruche palce i ciężar śpiącej głowy

kto zburzył gniazdo kto usypał
kopiec obojętności którego nie było
po co przyciskasz dłoń do oczu
wróżbę stawiamy Kogo pytasz

ZBIGNIEW HERBERT

Fortune-telling

All lines deepen in the valley of the hand
in a small pit where the spring of fate pulses
that's the life line look it runs like an arrow
on the horizon of five fingers brightened by a torrent
rushing toward overwhelming obstacles
and there's nothing more beautiful nothing more powerful
than this rush

how helpless beside it the line of fidelity
like a cry in the night like a river in the desert
begotten in sand and perishing in sand
perhaps deeper under the skin it lengthens
forces muscle tissue open and enters arteries
so we can meet our dead in the night
where inside roll remembrance and blood
in shafts wells chambers
full of dark names

this mound wasn't there—yet I remember well
there was a nest of tenderness round as if
a hot tear of lead fell on the hand
yet I remember hair remember the shadow of a cheek
fragile fingers and the weight of a sleeping head

who destroyed the nest who heaped up
the mound of indifference which wasn't there
why do you press your hand to your eyes
we are telling a fortune whom do you ask

1956
Translation by Jolanta Raczko and Danuta Gabryś

ZBIGNIEW HERBERT

Przesłuchanie anioła

Kiedy staje się przed nimi
w cieniu podejrzenia
jest jeszcze cały
z materii światła

eony jego włosów
spięte są w pukiel
niewinności

po pierwszym pytaniu
policzki nabiegają krwią

krew rozprowadzają
narzędzia i interrogacja

żelazem trzciną
wolnym ogniem
określa się granice
jego ciała

uderzenie w plecy
utrwala kręgosłup
między kałużą a obłokiem

po kilku nocach
dzieło jest skończone
skórzane gardło anioła
pełne jest lepkiej ugody

jakże piękna jest chwila
gdy pada na kolana
wcielony w winę
nasycony treścią

język waha się
między wybitymi zębami
a wyznaniem

wieszają go głową w dół

12

Interrogation of an Angel

When he appears before them
in the shadow of suspicion
his substance
is yet pure light

eons of his hair
are braided in a ring
of innocence

after the first question
his cheeks flush with blood

the blood is distributed
with instruments of interrogation

with irons a cane
with hot coals
the boundaries
of his body are defined

a blow on the back
straightens his spine
between a puddle and a cloud

after a few nights
the work is finished
the angel's leathery throat
is full of sticky compromises

how beautiful is this moment
when he falls to his knees
incarnate in guilt
saturated with content

the tongue hesitates
between smashed teeth
and confession

they hang him upside down

ZBIGNIEW HERBERT

z włosów anioła
ściekają krople wosku
i tworzą na podłodze
prostą przepowiednię

ZBIGNIEW HERBERT

from the angel's hair
drops of wax run
and form on the floor
a simple prophecy

1965
Translation by Marek Englender

Echo

Zielone dłonie
gładzą
zamurowane okna

Słońce
przepala dachówki

Cienie
jak woda płyną

Rozwiewają się poły lasów

Brzozową skórę
wypełnia ciało

Pachnie
odległy kolor

Głos
rozbija się jak potok

Przepełnia mnie
echo.

Zboczami

Czas
zwielokrotnia nasze postacie

widzę

Wzdłuż ścieżek
co krok
dwoje zanurza się w sobie

MARIAN JACHIMOWICZ

Echo

Green hands
stroke
sealed windows

The sun
burns through the tiles

Shadows
flow like water

The folds of forest fall open

The birch's skin
fills with body

A distant color
swells

Sound
crashes like a mountain torrent

I am overflowing
with echo.

1967
Translation by Iwona Gleb

Slopes

Time
multiplies our images

I see

along footpaths
at every step
pairs merging into one another

17

MARIAN JACHIMOWICZ

W lasach
na łące
szpalery sylwetek

Nieustanne podwoje

Aleje
powtarzanych

poprzez łąki i góry

Pętle i węzły wokół wierzchołków
i dolin

Zatrzymani
jak drzewa wzdłuż ulic
Skrzyżowani śród ścian

W gąszczach i trawach
Drący pod sobą grunt

W piecach upału
W tunelach wiatru
W wodospadach ulewy

Zakuci w szron

Nasze ciała
porastają okolice

Łączą się z nami łąki

Słyszysz
jak poprzez zagaje i pola
tłuką się nasze skrzydła?

MARIAN JACHIMOWICZ

In forests
in meadows
rows of silhouettes

Endlessly paved gateways

Alleys
of recurrences

through meadows and mountains

loops and knots around peaks
and valleys

suspended
like trees along streets
crossing among walls

In the thickets and grass
tearing the ground beneath them

In the ovens of heat
In the tunnels of wind
In the waterfalls of the downpour

Chained in frost

Our bodies
overgrow the countryside

the meadows join us

Can you hear
how wings flutter
through the woods and fields?

1969
Translation by Iwona Gleb

TYMOTEUSZ KARPOWICZ

Agitator

To lew wam pożarł
drzewa w ogrodzie
złota rybka
połknęła ci ręce

Liść pelargonii
upadłszy z balkonu
zmiażdżył ulicę
wypełnioną tłumem

Byłoby wszystko
cudowne na świecie
gdyby nie oko
umarłego ptaka

To ono nagie
bez plewki powieki
leżąc przy drodze
nieba płat odbiło

Więc przyjaciele
kiedy ptak umiera
baczcie ażeby
przykryć mu źrenice

TYMOTEUSZ KARPOWICZ

Agitator

It was a lion that devoured
your trees in the garden
a goldfish
swallowed your hands

A geranium petal
fallen from the balcony
crushed a street
full of people

Everything would have been
wonderful in the world
if the eye
of a dead bird

Naked
lying in the road
without a leaf of eyelid
had not reflected the sky

So friends
when a bird dies
be sure
to cover the apples of its eye

1958
Translation by Małgorzata Sady
and Bożena Bialik

TYMOTEUSZ KARPOWICZ

Sen

Co przyśniło się strasznego poecie
że wyskoczył ze snu
niby jeleń z płonącego lasu?

Oto motyl z jego metafory
przykrył go swoim skrzydłem

i klamka opisana
poruszyła się w drzwiach

TYMOTEUSZ KARPOWICZ

Dream

What was so terrifying about the poet's dream
that he leaped awake
like a deer from a blazing forest?

The butterfly in his metaphor
covered him with a wing

and the doorknob he described
actually turned

1958
Translation by Małgorzata Sady
and Bożena Bialik

WISŁAWA SZYMBORSKA

Dwie małpy Bruegla

Tak wygląda mój wielki maturalny sen:
siedzą w oknie dwie małpy przykute łańcuchem,
za oknem fruwa niebo
i kąpie się morze.

Zdaję z historii ludzi.
Jąkam się i brnę.

Małpa, wpatrzona we mnie, ironicznie słucha,
druga niby to drzemie—
a kiedy po pytaniu nastaje milczenie,
podpowiada mi
cichym brząkaniem łańcucha.

Radość pisania

Dokąd biegnie ta napisana sarna przez napisany las?
Czy z napisanej wody pić,
która jej pyszczek odbije jak kalka?
Dlaczego łeb podnosi? Czy coś słyszy?
Na pożyczonych z prawdy czterech nóżkach wsparta
spod moich palców uchem strzyże.
Cisza—ten wyraz też szeleści po papierze
i rozgarnia
spowodowane słowem ,,las" gałęzie.

Nad białą kartką czają się do skoku
litery, które mogą ułożyć się źle,
zdania osaczające,
przed którymi nie będzie ratunku.

WISŁAWA SZYMBORSKA

The Two Apes of Brueghel

This is how I dream my final examination:
two apes chained together are sitting at a window,
outside the window the sky is flying
and the sea is taking a bath.

I'm passing an exam on the history of people.
I'm stammering and floundering.

The ape staring at me listens ironically,
The other seems to be dozing—
but when there is a pause after a question
he prompts me
with a soft jangle of chains.

1957
Translation by Barbara Rejak

The Joy of Writing

Where is this word "doe" running?
Does she want to drink from the written water,
that like carbon paper reflects her mouth?
Why is she lifting her head? Does she hear anything?
Poised on four delicate legs borrowed from the truth
she pricks up her ears under my fingers.
Silence—this word also rustles on paper
and parts the branches
evoked by the word "forest."

Above the blank paper letters coil to jump
they may arrange themselves wrong,
attacking sentences
from which there is no escape.

Jest w kropli atramentu spory zapas
myśliwych z przymrużonym okiem,
gotowych zbiec po stromym piórze w dół,
otoczyć sarnę, złożyć się do strzału.

Zapominają, że tu nie jest życie.
Inne, czarno na białym, panują tu prawa.
Oka mgnienie trwać będzie tak długo, jak zechcę,
pozwoli się podzielić na małe wieczności
pełne wstrzymanych w locie kul.
Na zawsze, jeśli każę, nic się tu nie stanie.
Bez mojej woli nawet liść nie spadnie
ani źdźbło się nie ugnie pod kropką kopytka.

Jest więc taki świat,
nad którym los sprawuję niezależny?
Czas, który wiążę łańcuchami znaków?
Istnienie na mój rozkaz nieustanne?

Radość pisania.
Możność utrwalania.
Zemsta ręki śmiertelnej.

Jaskinia

Na ścianach nic
i tylko wilgoć spływa.
Ciemno i zimno tu.

Ale ciemno i zimno
po wygasłym ogniu.
Nic—ale po bizonie
orchrą malowanym.

In a drop of ink there are many hunters
squinting their eyes,
ready to rush down the steep pen,
and surround the doe, in position to fire.

They forget this is not life.
Separate, black on white, rules govern here.
The wink of an eye lasts as long as I wish,
it may be divided into small eternities.
Full of buckshot caught in flight.
If I insist, nothing will happen here forever.
Against my will no leaf will fall nor blade of grass
bend under the dot of a hoof.

So is there such a world
I rule with impunity?
Or time I bind with chains of letters?
Or an existence, if I command it, never ending?

The joy of writing.
The ability to converse.
The revenge of a mortal hand.

1963
Translation by Barbara Rejak

The Cave

On the walls there is nothing
only the dripping of moisture.
It is dark and cold here.

But a dark and a cold
after the fire has gone out.
Nothing—but where a bison
had been painted in ochre.

Nic—ale nic zaległe
po długim oporze
pochylonego łba.
A więc Nic Piękne.
Godne dużej litery.
Herezja wobec potocznej nicości,
nienawrócona i dumna z różnicy.

Nic—ale po nas,
którzyśmy tu byli
i serca swoje jedli,
i krew swoją pili.

Nic, czyli taniec nasz
niedotańczony.
Twoje pierwsze u płomienia
uda, ręce, karki, twarze.
Moje pierwsze święte brzuchy
z maleńkimi paskalami.

Cisza—ale po głosach.
Nie z rodu cisz gnuśnych.
Cisza, co kiedyś swoje gardła miała,
piszczałki i bębenki.
Szczepił ją tu jak dziczkę
skowyt, śmiech.

Cisza—ale w ciemnościach
wywyższonych powiekami.
Ciemności—ale w chłodzie
przez skórę, przez kość.
Chłód—ale śmierci.

Na ziemi może jednej
w niebie? może siódmym?

Wygłowiłeś się z pustki
i bardzo chcesz wiedzieć.

Nothing—but a nothing
overdue
after a long bowed struggle.
Therefore a Beautiful Nothing.
Deserving capital letters.
A heresy against everyday nothingness,
unrepentant and proud.

Nothing—but where we used to be
eating our own hearts,
drinking our blood.

Nothing, an ever unfinished
dance.
First your thighs, hands, shoulders, faces
by the light of the flame.
My very first sacred bellyfulls
of tiny pascals.

A silence—where sound used to be.
Not descended from sluggish silences.
A silence which used to have throats,
pipes and drums.
Grafted with yelp and laughter
like a wild tree.

A silence—though in darkness
elevated by eyelids.
Darkness—though in a chill felt
through skin and bone.
A chill—of death.

Maybe this happens on earth?
or in heaven? maybe in seventh heaven?

You left the desolation of your head
so craving to know.

1967
Translation by Iwona Gleb

Dworzec

Nieprzyjazd mój do miasta N.
odbył się punktualnie.

Zostałeś uprzedzony
niewysłanym listem.

Zdążyłeś nie przyjść
w przewidzianej porze.

Pociąg wjechał na peron trzeci.
Wysiadło dużo ludzi.

Uchodził w tłumie do wyjścia
brak mojej osoby.

Kilka kobiet zastąpiło mnie
pośpiesznie
w tym pośpiechu.

Do jednej podbiegł
ktoś nie znany mi,
ale ona rozpoznała go
natychmiast.

Oboje wymienili
nie nasz pocałunek,
podczas czego zginęła
nie moja walizka.

Dworzec w mieście N.
dobrze zdał egzamin
z istnienia obiektywnego.

Całość stała na swoim miejscu.
Szczegóły poruszały się
po wyznaczonych torach.

Odbyło się nawet
omówione spotkanie.

Station

My not arriving at N.
went as scheduled.

You were warned
by an unsent letter.

You managed not to arrive
at the expected hour.

The train stopped at platform three.
Many people got off.

The space I did not occupy
made for the exit with the rest of the crowd.

A few women hurriedly took
my place
in the crowd.

Someone unknown to me
ran up to one of them,
but she recognized him
immediately.

Both exchanged
what wasn't our kiss,
and a suitcase which wasn't mine
got lost.

The station at N.
easily passed the test
in objective existence.

Everything remained in place.
The details moved
across their appointed trajectories.

Even the meeting happened
as planned.

Poza zasięgiem
naszej obecności.

W raju utraconym
prawdopodobieństwa.

Gdzie indziej.
Gdzie indziej.
Jak te słówka dźwięczą.

WISŁAWA SZYMBORSKA

Out of range
of our presence.

In the paradise lost
of probability.

Not here.
Not here.
Oh, how these words sound.

1966
Translation by Iwona Gleb

MIRON BIAŁOSZEWSKI

Autoportret odczuwany

Patrzą na mnie,
więc pewnie mam twarz.

Ze wszystkich znajomych twarzy
najmniej pamiętam własną.

Nieraz mi ręce
żyją zupełnie osobno.
Może ich wtedy nie doliczać do siebie?

— — —

Gdzie są moje granice?

— — —

Porośnięty przecież jestem
ruchem albo półżyciem.

Zawsze jednak
pełza we mnie
pełne czy też niepełne,
ale istnienie.
Noszę sobą
jakieś swoje własne
miejsce.
Kiedy je stracę,
to znaczy, że mnie nie ma.

— — —

Nie ma mnie,
więc nie wątpię.

MIRON BIAŁOSZEWSKI

Self-Portrait in Touch

They look at me
so probably I have a face.

Of all the familiar faces
I remember mine least.

Sometimes my hands
are quite apart.
So who do they belong to?

— — —

Where are my boundaries?

— — —

After all a vibrant or dormant life
grows over me.

But still
a being
full or half-empty
slithers in me.
I bear in me
a space
of my own.
When I lose this
I no longer am.

— — —

I am not
therefore I do not doubt.

1956
Translation by Iwona Gleb
and Ela Perepeczko

MIRON BIAŁOSZEWSKI

[bez tytułu]

Przypuszczałem: kiedyś ci się znudzę
ale   jeszcze   jeszcze
czekam   przychodzisz
no to jeszcze
czekam
                nie przychodzisz
ano to już
(nie przypuszczałem)

Noce nieoddzielenia

1.
Noc.
Zapach mostu.
Parkan wpuszcza korzenie.
Woda świeci ziemi.
Kamień słuchający.
Śpiewa włos.

2.
Noc.
Droga.
Własne kolana w domysłach.
Nie ma osobnej zieleni.

Inna epoke ręki,
inny czas kołysania.

MIRON BIAŁOSZEWSKI

[untitled]

I imagined you'd get bored with me sometime
but   still   still
I wait   you come
so I still
wait
              you don't come
well, this is it
(I never imagined)

1960
Translation by Iwona Gleb

Nights of Inseparability

1.

Night.
The scent of a bridge.
The fence sinks roots.
Water shines on the earth.
A listening stone.
A single hair sings.

2.

Night.
Road.
I assume my own knees.
There is no separate greenery.

Another epoch for the hand,
another time for rocking.

Ćmy i gwiazdy
patrzą na siebie;
to one wskazują w poprzek
nocne słoje horyzontów
szklanny słój.

3.

Noc.
Teraz już razem rośniemy, krążymy
kartofle ludzie psy dachy . . .
Kto idzie? Kto oddycha?
Ty nade mną i dalej—
gałąź, daj mi łapę,
nie nadeptujmy na siebie,
    moja nogo kamienna
koro rybo
mów mów byle co . . .

czujecie, jak nam serce bije
    pod łuskami pod muszlami
ach, ten niepokój
    odrzućmy—
      umieramy razem

MIRON BIAŁOSZEWSKI

Moths and stars
look at each other;
they light horizontally across
night rings of horizons,
a glass jar.

3.

Night.
Now all of us grow together, circle together
potatoes people dogs roofs . . .
Who comes? Who breathes?
You above me, and farther away—
branch, give me your paw,
let's not step on each other,
    my leg of stone
bark fish
speak speak about nothing important . . .

do you feel how our heart beats
    beneath scales beneath shells
oh, let's put aside
    all these fears—
    we die together.

1956
Translation by Iwona Gleb

TADEUSZ KUBIAK

Autoportret w lustrze

Moja twarz w lustrze. Autoportret zmienny.
Z roku na rok. Czasem z chwili na chwilę.
Nie do poznania. Promienny lub ciemny.
Chłopiec z wiewiórką. Lub starzec z motylem.

Na drugim planie poszarpany szlafrok.
Gwóźdź wbity w ścianę. Portret namydlony.
Portret bolesny. Z łasicą jedwabną.
Nagły i krótki. Nocą, poza domem.

Gotycki—zimny. Z przymrużeniem źrenic.
Jak smutne gęby łotrów z Wita Stwosza.
Przerażający. Z rysami kamieni
żłobionych słotą. Twarz z weselisk Boscha.

Z Van Dycka. Jasny. Różano-wapienny.
Zanikający z krótkim światłem słońca.
Moja twarz w lustrze. Autoportret zmienny.
I nie dopowiedziany do końca.

Co wiedzą?

Ci, co zbijają dom z drzewa
lub układają z kamienia,
wiedzą, że drzewo, że kamień,
pod drzewem, kamieniem—ziemia.

Wiedzą też dobrze, że kiedyś,
jeśli nie oni, to inni,
zaludnią te cztery kąty
życiem powszednim i gminnym.

Self-Portrait in a Mirror

My face in the mirror. Changing self-portrait.
Year after year. Sometimes moment to moment.
Unrecognizable. Bright or dark.
Boy with squirrel. Or old man with butterfly.

In the background a torn nightgown.
A nail in the wall. Soapy portrait.
Painful portrait. With a silky weasel.
Sudden and short. A night away from home.

Gothic—cold. With one eye squinting.
Like the sad criminal faces of Wit Stwosz.
Terrifying. With scratched stone
carved by rain. Faces from the wedding of Bosch.

Of Van Dyck. Brilliant. Pinkish calcium
Vanishing with brief sunlight.
My face in the mirror. Changing self-portrait.
And incomplete.

1960
Translation by Ela Perepeczko

What Do They Know?

Those who build their house of wood
or make it of stone,
they know that tree, that stone,
and under the tree or stone—earth.

They know well that some day
if not they, others
will inhabit these four walls
with a simple and common life.

41

TADEUSZ KUBIAK

Cóż wiedzą ci, co związują
roztrzęsionymi palcami
szmer trawy ze śpiewem ptaka—

zadziwieni, zasłuchani . . .

Cóż wiedzą ci, co spajają
blaski i cienie przestrzeni
rozwianej na cztery strony—

zadziwieni, zapatrzeni . . .

TADEUSZ KUBIAK

What do they know who tie
with trembling fingers
the rustle of grass to a bird's song—

astonished, listening . . .

What do they know who link
the brilliance and shadows of space
blown away in all directions—

astonished, watching . . .

1974
Translation by Ela Perepeczko

Ręka o trzech palcach

1. Pokój

Pokój z wami rzekł anioł opuszczając miecz na kamień,
Pokój z wami rzekła krew do czerwieni słońca.
Pokój z wami rzekł grzecznie gwóźdź wchodząc w ciało Chrystusa,
Pokój z wami rzekł gołąb picassa do uśmiechniętej czule żmii.
Pokój z wami rzekł prezydent sztyletując pomarańczę,
pokój z wami rzekł wariat połykając granat,
pokój z wami rzekł amerykański bóg do japońskiego boga gryząc go w
    łydkę
pokój z wami rzekł generał plując żołnierzowi w oczy,
pokój z wami rzekło dwu generałów mijając się w katafalkach,
pokój z wami rzekły sobie trzy głowy leżące obok ciał,
pokój z wami rzekła krew do tłustych much,

pokój z wami mówił nowy typ broni to poety,
pokój z wami rzekła artyleria i się rozerwała,
pokój z wami rzekła woda i wyparowała,
pokój z wami—starczy już tego
pokój z wami rzekł anioł opuszczając miecz na kamień
i pozostał kamień na kamieniu.
Po czym czkając z rozpaczy, oddalił się we wszechświat,
z trudem ubodzy lichwiarze wydłubywali z ziemi cień starego
rybaka z hiroshimy i jego ryżowej córki

"pokój z wami" rzekły wargi dziewczyny oblizując się

2. Getto

Łódź z żałobną chorągwią unosiła się nad miastem,
Nad tą pustynią na ogrody semickich aniołów,
     Krew nienawiści

A Hand with Three Fingers

1. Peace

Peace be with you said the angel lowering the sword over the stone,
Peace be with you said the blood to the red of the sun,
Peace be with you said a nail politely piercing Christ's body,
Peace be with you said Picasso's dove to the coy smiling viper.
Peace be with you said the president stabbing an orange,
peace be with you said the lunatic swallowing the grenade,
peace be with you said the American god to the Japanese god gnawing
 his calf
peace be with you said the general spitting in the soldier's eye,
peace be with you said two generals passing each other in caskets,
peace be with you said three heads lying beside three bodies,
peace be with you said the blood to the fat flies,

peace be with you a new type of weapon was saying to the poet,
peace be with you said the artillery and blew itself up,
peace be with you said the water and evaporated,
peace be with you— enough of this—
peace be with you said the angel lowering the sword over the stone
and he left stone upon stone.
Then hiccuping from despair he departed into space,
with difficulty the poor usurers clawed from the earth the shadow of the
 old
fisherman from Hiroshima and his daughter in the rice field

"Some peace with you" said the girl as she licked her lips*

2. Ghetto

A boat with a flag of mourning floated over the city,
Over the desert, over the gardens of Jewish angels,
 The blood of hate.

Pokój z wami can be taken as a sexual invitation as well as a blessing. ED.

Matki zagryzały czerwone przekleństwo boga.
Obcy z pętlami
Zbrodni—karta przeklęta,
Śmieją gardłem.
Od lądu błyszczała pieśń zachodzącego słońca.

Szum wessał w ranę nóż miłości

Germani siedem liter, siedem podrzynań szyi,
To bracia Wielkim Wozem jechali do nieba
Obcych chamów.
Nienawiść oko atramentowe zabiła Abla.
Niebo oddala się
Getto czarny statek
Po zieleni pozostała tylko fala ciepła
My, dorosłe dzieci w mundurach zrywaliśmy hebrajskie kwiaty
I wijąc wianki dawaliśmy je białym statkom.
Haromonie muzykantów rozpędzały ciemność.
Judasz z lilią,
Na szyjach kamienie,
Aleon kwitnie
Jak włosy męczenników porasta mury,
od gardła dzieci zabiera pleśń paznokci.

3. Po bitwie
Czy jest niebo pyta się noga leżąca w polu po bitwie
Czy jest niebo pełne szewców skrzydlatych sanitariuszy
Czy też zgnije i nic więcej.
Zgnijesz i nic więcej—podpowiedział jej kwiat
Tuż tuż rosnący.
Pochylił się i rzekł: masz, powąchaj mnie przed śmiercią
Ale że noga nie miała nosa, umarła nie powąchawszy kwiata.
Taki już jest los nogi na wojnie.

Mothers bit off god's red curse.
        Strangers with murderous nooses,
   a cursed card,
        they laugh in their throats.
From the shore sparkled a song of the setting sun.
The noise sucked into the wound a knife of love.

Germans, seven letters, seven throats cut,
These were the brothers who rode to heaven in the Great Chariot*
        Full of alien gangsters.
Hate with its inky eye killed Abel.
        The sky faded away
        The ghetto was a black ship
A wave of warmth replaced the greenness
We, grown up children in uniforms, picked Jewish flowers
And wove wreaths we gave to white ships.
The harmonies of musicians dispersed the darkness.
        Judas with a lilly,
   Millstones around necks,
        Alcon blossoms,
They grow on walls like martyrs' hair,
they take mouldy fingerprints from the throats of children.

3. After the Battle

Is there a heaven, asked a leg lying on the field after the battle
Is there a heaven full of shoemakers, winged orderlies,
Or will I simply decay?
You will simply decay—answered a flower
Growing nearby.
It bent and said: here, smell me before you die.
But as the leg had no nose it died without smelling the flower.
Such is the fate of a leg in war.

---

*In Poland, Ursa Major is called *Wielki Wóz*, or the Great Chariot.

Czy jest niebo pyta sie nos leżący na polu po bitwie
Czy jest niebo pełne pielęgniarzy skrzydlatych sanitariuszy
Czy też zgnije i nic więcej.
Zgnijesz i nic więcej podpowiedział mu kamień
Tuż tuż leżący.
Przechylił się i rzekł: kopnij mnie przed śmiercią
Ale że nos nie miał nogi, umarł nie kopnąwszy kamienia.
Taki już jest los nosa na wojnie.

TAKA JEST RĘKA O TRZECH PALCACH

JERZY AFANASJEW

Is there a heaven, asked a nose lying on the field after the battle
Is there a heaven full of nurses, winged orderlies,
Or will I simply decay?
You will simply decay answered a stone
Lying nearby.
It bent and said kick me before you die,
But as the nose had no leg it died without kicking the stone.
Such is the fate of a nose in war.

SUCH IS A HAND WITH THREE FINGERS

1960
Translation by Jolanta Raczko

MAŁGORZATA HILLAR

Wspomnienie twych rąk

Kiedy wspomnę
pieszczotę twych rąk
nie jestem już dziewczyną
która spokojnie czesze włosy
ustawia gliniane garnki
na sosnowej półce

Bezradna czuję
jak płomienie twoich palców
zapalają szyję ramiona

Staję tak czasem
w środku dnia
na białej ulicy
i zakrywam ręką usta

Nie mogę przecież krzyczeć

Memory of Your Hands

When I remember
the touch of your hands
I am no longer the girl
who quietly combs her hair
and sets clay pots
on a pinewood shelf

Helpless I feel
how the flames of your fingers
kindle my neck and arms

Sometimes I stand this way
in broad daylight
in a white street
and I cover my mouth with my hands

so I will not scream

1957
Translation by Iwona Gleb

Dyskurs z poetą

Jak oddać zapach w poezji . . .
na pewno nie przez proste nazwanie
ale cały wiersz musi pachnieć
i rym
i rytm
muszą mieć temperatury miodowej polany
a każdy przeskok rytmiczny
coś z powiewu róży
przerzuconej nad ogrodem

rozmawialiśmy w jak najlepszej symbiozie
aż do chwili gdy powiedziałem:
,,wynieś proszę to wiadro
bo potwornie tu śmierdzi szczyną"

możliwe że to było nietaktowne
ale już nie mogłem wytrzymać.

[bez tytułu]

Inaczej wyobrażałem sobie śmierć
wierzyłem naiwnie
że szczytowy orgazm przerażenia
wytrąci mnie wreszcie ze sfery bólu

Tymczasem wszystko czuję
      widzę wszystko
pozostając na prawach trupa
      bez możliwości jęku
          drgnięcia
          poruszenia się

ANDRZEJ BURSA

Conversations with a Poet

How to present the sense of smell in poetry . . .
surely not through simple naming,
for the whole poem must smell
rhyme
and rhythm
must have the temperature of a honeyed clearing in the woods
and each change of rhythm
something of the scent of a rose
dropped into a garden

we talked with the most intimate understanding
until the moment when I said,
"Get this bucket out of here,
the whole place smells of piss"

maybe it was tactless of me
but I couldn't stand it any more.

1958
Translation by Iwona Gleb

[untitled]

I had imagined death differently
naively I believed
that the highest orgasm of fear
would at last free me from the orbit of pain

But I feel everything
     see everything
being the cadaver that I am
     without the possibility of groan
          shudder
          movement

uczestniczę całym zapasem strachu i cierpienia
w ogranym kawałku dra Tulpa
Student nieśmiały i gorliwy
wierci mi w mózgu jakimś dziwnym instrumentem
Patrząc na brzydką twarz chłopca
ubogi i niemodny strój puszek na wardze
myślę
　　możliwe że on jeszcze jest niewinny
i złośliwa satysfakcja przynosi mi pewną ulgę
　　(o ile można doznawać ulgi w
　　trakcie wiercenia w mózgu)
Znam wszystkie narowy profesora
starego i łysego jak koń
znam posępne dowcipy studentów
zdołałem zapamiętać absurdalne frazesy medycyny
których pokryciem jest rzekomo
moje udręczone ciało
skazane na odkrywanie
coraz okrutniej zdumiewających
bukietów tortur.

ANDRZEJ BURSA

with my whole stock of fear and suffering I take a role
in the worn-out drama by Dr. Tulp
An intern diligent and shy
drills into my brain with a strange instrument
Looking at the ugly face of the boy
the poor and unfashionable clothes the down on his lip
I think
       it possible he is still a virgin
and a malicious feeling of satisfaction brings some relief
       (if you can feel relief
       while having your brain drilled)
I know all the professor's quirks
old and bald as a horse
I know the grisly jokes of the students
I have been able to remember the absurd language of medicine
which presumably is realized
by my wracked body
condemned to the discovery
of more cruelly stupefying
bouquets of torture.

1957
Translation by Iwona Gleb

TADEUSZ NOWAK

Wesele

Do widnokresu zbliża się słońce
do widnokresu zbliża się mrówka
Mrówka jest szybsza Wchodzi na słońce
Jest większa od słońca
Jej cień pada na zboża ścięte kosą
Spi snopek na snopku chłop
obok chłopa śpi wół
U jego złotych nozdrzy
pulsuje rzeka
sen

A koguty koguty
śpiewają o jutrzni
Pazurami rozgrzebują słońce
ze słońca wydziobują mrówkę
Chłop zrywa się ze snopka
ze snu zrywa się snopek
Pierwszy idzie do Księdza
drugi idzie do młyna
Pierwszy przez mirt prowadzi żonę
drugi na plecach niesie kołacz.

Budzi się wół
na złotych nozdrzach trąbi
W białej polce od rdzenia
rozręca się jabłoń
Wesele wesele

TADEUSZ NOWAK

Wedding

The sun is approaching the horizon
an ant is approaching the horizon
The ant is quicker It is climbing the sun
It is bigger than the sun
Its shadow is falling on scythed grain
A small sheaf is sleeping a sheaf with a peasant on it
near the peasant an ox is sleeping
Beneath its golden nostrils
pulses a river
a dream

And roosters roosters
are singing at dawn
They are scratching the sun with their claws
they are pecking the ant out of the sun
The peasant jumps up from the small sheaf
the small sheaf jumps up from sleep
The former is going to the priest
the latter is going to the mill
The former is leading his wife through myrtle
the latter is carrying a kolach* on its back.

The ox is waking up
it lows through its golden nostrils
In a white polka from its core
an apple tree is unwinding
Wedding wedding

1963
Translation by Janusz Maliszewski

---

*A kolach is a braided pastry associated with country people. ED.

TADEUSZ NOWAK

Psalm codzienny

Człowiek siedzi przy stole
z głową wspartą na rękach
W głowie człowieka dom
kwaterka wódki śledź
w głowie człowieka żona
kwaterka wódki śledź
W głowie człowieka dzieci
Kwaterka wódki śledź

Obok człowieka leży
związany drutem anioł
szkielecik śledzia szkło
obok człowieka leży
ukrzyżowany Bóg
szkielecik śledzia szkło
obok człowieka leży
trzydzieści groszy reszty
szkielecik śledzia szkło

Człowiek siedzi przy stole
szkielecik śledzia szkło

TADEUSZ NOWAK

An Everyday Psalm

A man is sitting at the table
with his head resting in his hands
In the head of the man home
a pint of vodka a herring
in the head of the man his wife
a pint of vodka a herring
in the head of the man his children
a pint of vodka a herring

Near the man lies
an angel tied with a wire
the bones of a herring an empty glass
near the man lies
the crucified God
the bones of a herring an empty glass
near the man lie
thirty pieces of change
the bones of a herring an empty glass

A man is sitting at the table
the bones of a herring an empty glass

1966
Translation by Janusz Maliszewski

STANISŁAW GROCHOWIAK

Rozbieranie do snu

Chodzimy razem
Po tym wielkim wnętrzu
Ona w smołowej
Ja w błękitnej sukni
Ona z zaledwie
Zieloną łysiną

I tu
Powiada
Będzie gwóźdź najpierwszy
Tutaj powiesisz
Cytrę obu rąk

A czy ten szczygieł
Może w nich?
Ja pytam

Ona jest głucha w obu czarnych gwiazdach

I tu
Powiada
Będzie gwóźdź następny
Tutaj powiesisz
Srebrny woal płuc

A czy ta róża
Może w nich?
Ja pytam

Ona jest ślepa w obu ostrych uszach

I tu
Powiada
Będzie gwóźdź na głowę
Wieszaj ją lekko
Dziobem w strop podłogi

STANISŁAW GROCHOWIAK

Undressing to Sleep

We walk together
Around that great interior
She in a tar black
I in a sky blue gown
She with a barely
Green baldness

And here
She says
Will be the first nail
Here you will hang
The lyre of your two arms

Will perhaps this goldfinch
Be between them?
I ask

She is deaf in both black stars

And here
She says
Will be the next nail
Here you will hang
The silver veil of your lungs

And maybe this rose
In them?
I ask

She is blind in both pointed ears

And here
She says
Will be the nail for your head
Hang it carefully
The beak toward the ceiling of the floor

A ja
Nie pytam
Ja stoję tak biały
Z kręgiem jak Chrzciciel
Nad drucianą szyją

Po ciemku

—Opowiedz ptaka . .
—Dobrze. Opowiadam:
Ta strzała była na końcu złocona,
Złotnik ją strugał do perfidnych zadań . . .
Niosąc ją nieba, cieniutko się kona.

—Opowiedz rybę . . .
—Dobrze. Opowiadam:
Ten młotek czuły, a jakże treściwy,
Ktoś piękny może do twarzy przykładał,
Bo twarz ma gładkość podobną do ryby . . .

—Opowiedz konia . . .
—Dobrze. Opowiadam:
Najczulej pętać jedwabiem. A potem
Pieszczota noża na błyszczących zadach . . .
Koń nawet martwy odwdzięczy pieszczotę.

—Opowiedz rzeźnię . . .
—Dobrze. Opowiadam:
Są jednorożce o ciężkich powiekach,
Wędrują białe po wiśniowych sadach,
Ich grzywy płaczą na leniwych rzekach . . .

STANISŁAW GROCHOWIAK

And I
Do not ask
I stand so white
With a halo like the Baptist
Above the wires of my neck

1959
Translation by Marek Englender

In the Dark

—Tell me a bird . . .
—O.K. I'm telling:
The tip of this arrow was gilded,
A goldsmith whittled it for treacherous purpose . . .
Bearing it down from heaven, you die a slow death.

—Tell me a fish . . .
—O.K. I'm telling:
This hammer tender, but so solid,
Someone beautiful perhaps put it to his face,
For a face is smooth as a fish is smooth . . .

—Tell me a horse . . .
—O.K. I'm telling:
The tenderest way is to hobble them
With silk. And then
To caress them with knives on their shining rumps . . .
A horse, even a dead one, will return caresses.

—Tell me a slaughterhouse . . .
—O.K. I'm telling:
There are unicorns with heavy eyelids,
They wander white through cherry orchards,
Their manes weep upon sluggish rivers . . .

1962
Translation by Marek Englender

STANISŁAW GROCHOWIAK

Kanon

Oddechem poezji jest śnieg albo sadza
Kiedy śnieg jest oddechem—krzewy stoją czarne
A jeśli sadza—to oprósza dłonie
Zakochanych lub katów
Zarówno pobladłe

Głową poezji—krzak płonący w nocy
Przy nim jednorożce łby mają wysmukłe
Kruki—dzioby okute w pochewki ze złota
W kolanach dziewcząt
Rysują się słoje

Ojcem poezji—jej bogiem—jej drwalem
Ten chory człowiek z drżącym kręgosłupem
Z twarzą tak sztywną jakby bicz ją przeciął
Lub cień
Mknącego na obłokach diabła

STANISŁAW GROCHOWIAK

Canon

Snow or soot is the breath of poetry
When snow is the breath—bushes stand in black
And if soot—it sprinkles the hands
Equally pale
Of lovers or hangmen

The head of poetry—a bush burning in the night
Beside it unicorns with narrow heads
Ravens—their beaks armored with sheaths of gold
In girls' knees
The grain can be traced

The father of poetry—its god—its lumberjack
Is that sick man with a trembling spine
With rigid face as if cut by a whip
Or by the shadow
Of a devil riding on clouds

1963
Translation by Marek Englender

URSZULA KOZIOŁ

Lato

Czy to moje południe czy może już zmierzch
Słyszę pościg się zbliża
biją podkowy godzin

Chciałam przechylić dzień
jak gałąz cudzego sadu

a dzień pochylił mnie jak swoją własną gałąź

Ulga na wiosnę

Jak dobrze, wiosno, że sobie radzisz beze mnie
cóż to za szczęście że znasz chwilę liścia
chwilę źdźbła zboża szarości ziemi i nieba
—wszystko odbywa się tak jak być powinno
i bez mojego, bogudzięki, udziału.

Drzewa sobie się lęgną i sobie owady
światło sobie i cienie sposobią się sobie
jak mądre zwierzę że przyzywa zwierza
i nie zawraca mi głowy o zgodę.

Jakże cieszę się, ziemio, zuchełku wszechświata,
że tak sobie obiegasz oklepane osie
nie dbając o to by mnie zadziwić czym nowym
a to dopiero byłaby parada!

Mam więc z głowy przyloty ptaków i pór roku
wzdęcia wód i powietrza wklęsanie mam z głowy
cóż za ulga: świat może obejść się beze mnie
może się obejść beze mnie
człowieka.

URSZULA KOZIOŁ

Summer

Is it my moon or maybe now the dusk
I hear the pursuit approaching
the horseshoes of the hours strike

I wanted to bend the day
like a branch in a stranger's orchard

but the day bent me like its own branch

1958
Translation by Jolanta Raczko and Danuta Gabryś

Relief in Spring

How fortunate, spring, that you can manage without me
what luck that you know the moment of the leaf
the moment of the grain stalk, of the grayness of the earth and sky
—everything happens as it should
and without my doing my part, thank God.

The trees breed themselves and the insects
and the light and the shadows prepare themselves
how wise is the animal that he calls to his mate
and doesn't bother me about permission.

How glad I am, earth, you boy scout of the universe,
that you go round your worn-out axis
not worrying about surprising me with something new;
that would be some show!

So I don't care about the returning of birds and seasons
swells of water and hollows of air
what a relief that the world can go on without me
can go on without me
utterly human.

1967
Translation by Jolanta Raczko and Danuta Gabryś

Broda

. . . A mordercom wyprowadź, że są sprawiedliwsi
niż areopag ostateczny. Najpierw
wmów im brody przyprawne. Przez baranie kudły
co gębom winny nadać polor jowiszowy
rozkazy spłyną wojniej—chwiejne już, scedzone
na alabastrach wąsów. Olimp nie dozwala
obnażać kłów.
          Niech sami
hodują dalej to dostojne drzewo
niech owocuje pięknie, niechaj szczepią
coraz to nowe odmiany.—Wplątani
w gęstniejący rytuał, osypani liściem
umajeni kwiatami nie mają już siły
jaką daje prostota, z którą spod paznokcia
zębami wydłubujesz skrzepłą krew.
                      Już kłamią
i bojaźliwie kłamią. Zacierają tropy
zabójstw, co ich stworzyły. Już wydarci z ziemi
pozbawieni początku. Teraz jak cios noża
wbij im w plecy po skrzydle anielskim.
                        Stężali
od wygibasów tronu, zakuci w korony
nie dojdą już, jak śmieszna ta pierzastość; dalej
szaty im coraz cięższe, fałdy marmurowe . . .
Aż łopocząc jak orły, piorun godnie siejąc
przystąpią w walce brodę i sprytnego chybią.

ERNEST BRYLL

Beard

. . . And explain to the murderers that they are more just
than any supreme court. First
they must believe in their false beards. Through the shaggy hair
that should give their mugs the refinement of Jupiter
orders will flow more slowly—already hesitant, cooling,
on the alabaster moustaches. An Olympian does not bare
his fangs.
      Let them
go on cultivating their precious tree,
let it bear abundant fruit; let the pruners
make their improvements—Entangled
in thickening rituals, covered with leaves,
decorated with flowers, they have lost the simple strength
of using their teeth to dig out the dried blood
from under their fingernails.
      They already lie
and do so timidly. They cover the traces
of the murders that created them. Already torn from the earth
they are deprived of their beginnings. Now with a knife
stab them in their angel-winged backs.
      Hardened
by the ornaments of thrones, imprisoned in crowns,
they can never understand how funny their feathers are;
their clothes heavier and heavier, the folds like marble . . .
Until, fluttering like eagles, hurling thunderbolts with dignity
they trip on their beards in the struggle, and never hit the clever man.

1962
Translation by Sylvester Domański

69

JERZY HARASYMOWICZ

Kuchnia jesienna

Nad miastem kłębi się chmur fiolet
I każdy szuka swojej ziemi świętej
Nieruchomy miasta gotyk
Stoi podparty zbrojnym wierszem

Trzeba by z mieczem poematu w ręce
Witać epoki przyjście nowej
Lecz teraz jesień i wszyscy w kuchni
Warkocze muzom kręcą cebulowe

Kuchenność duszy i kuchenność wizji
Kuchnia to pejzaż jakby rajskich liści
Biją gejzery czajników kuchnia mówi
Baśnie z tysiąca i jednej cebuli

Kucheność duszy i kuchenność wizji
Bezczelność słowa w czapie poematu
Rozlana rzeźna krew piwonii
I ten weselny wjazd buraków

W peruce czynszu siedzę kreślę
Na flecie grają mity kuchenne
Pod połamanym parasolem nieba
W garnku doczesność jakże cienko śpiewa

I cały w dymie jest kuchni parowiec
I wicher świszcze na czajnika rejach
Na dziobie wagi chimera beznosa
W kipiący przestwór zimy zmierza

Kuchnia my w kuchni bo weranda
To jest żuk cesarz to jest bizancjum
Turkus witraży i kopuły świętość
Triumfalne łuki cebulowych wieńców

JERZY HARASYMOWICZ

Autumn Kitchen

Violet clouds whirl over the town
And everybody seeks his holy land
The town's immobile gothic
Stands supported by an armed poem

You should with the sword of a poem in your hand
Welcome the arrival of the new epoch
But now autumn and everybody in the kitchen
Is braiding an onion string for the muses

Kitchenness of the soul and kitchenness of the eye
Kitchen is a landscape with leaves of paradise
The geysers of teapots are spouting
Fairy tales of a thousand and one onions

Kitchenness of the soul and kitchenness of the eye
Verbal insolence in the cap of the poem
The freshly spilled blood of the peony
And the nuptial entrance of beets

Thinking about the rent I sit and write
Kitchen myths are played on a flute
Under the broken umbrella of heaven
How thin is the sound of the daily meal in the pot

And the steamboat kitchen is entirely in smoke
And a whirlwind whistles in the yardarms of the teapot
On the balanced prow a noseless ghost
Cuts through the boiling void of winter

Kitchen we're in the kitchen because the porch
Is a scarab emperor is Byzantium
Is the turquoise of stained glass and holy domes
The strings of onions are triumphal arches

1973
Translation by Sylvester Domański

71

Opis kotliny
(groteska)

W górach kotlina
kaktusy rosną na kamieniach
kotlinę jeże zamieszkują

Gdy noc od księżyca jest czerwona
parują trucizną kaktusy
skrapla się trucizna
czarna rosa na kaktusach

Liżą jeże czarne krople
i zwijają się w kłębuszki
martwe toczą się po stokach
łamiąc igły

Stos nieżywych jeży
jest na dnie kotliny

Nad ranem pękają kaktusy
z ich wnętrz wystrzelają
ręce starych kobiet
ręce o długości trzech centymetrów
i spadają na stos jeży

pomarszczone palce
przerzucają ciała jeży
niby kłębki włóczki

IRENEUSZ IREDYŃSKI

Description of a Glen
(a grotesque)

A mountain glen
cacti grow on the rocks
hedgehogs inhabit the glen

When night glows red as the moon
the cacti leak poison
the poison lingers
black dew on the cacti

The hedgehogs lick the black drops
and roll up into balls
dead they tumble down the slopes
breaking their spines

A pile of dead hedgehogs
lies at the bottom of the glen

At daybreak the cacti open
and from within burst
the hands of old women
hands three inches long
falling on the pile of hedgehogs

wrinkled fingers
rummage through corpses of hedgehogs
as if they were balls of wool

1959
Translation by Iwona Gleb

IRENEUSZ IREDYŃSKI

Przed

Kasi i Tadeuszowi Nowakom

Powietrze zastygło jak skała
Ptaki niby pęknięcia
zwiastowały lawinę deszczu

Spod skorup dachów wyłażą ludzie
z nastawionymi różkami kołnierzy
opieszałe ślimaki przemieniają się
w latawce zawieszone na szpagatach szeptów

Latawce tłuką w szyby sklepów
wlatujące do bram czarne wystrzępione
usta otwarte do głębokiego oddechu
widać podniebienie nabiegłe krwią

Bat błyskawicy strzelił
Przedziurawione latawce opadły
Nastawiając różki kołnierzy wpełzają ślimaki
pod muszle dachów

Wypłynęła chmura jak okręt korsarski
z którego pirat otulony strzępami świetnych ubrań
zaczął wyrzucać srebrniki kropel

Przepis

Rozszczepić dłoń na pięć słupków
Wnętrze kwiatka ułożyć Pszczołę kluczykiem nakręcić
Niech brzęczy Potem pofrunie
Skórę z dłoni przystrzyc To będą płatki

IRENEUSZ IREDYŃSKI

Before

to Kasia and Tadeusz Nowak

The air grows hard as rock
Birds announce
the cracking avalanche of rain

People creep from under roofs
with the horns of their collars up
sluggish snails change into
kites hanging from filaments of whispers

The kites bang against shop windows
flying into doorways black shredded
lips open a deep breath
you can see the livid palate

A whip of lightning cracks
riddled kites fall
Raising the horns of their collars snails crawl back
under their roofs

A cloud sails into view like a ship
from which a pirate in fine tatters
tosses silver pieces of raindrops

1959
Translation by Iwona Gleb

Recipe

Split a hand into five pistils
Arrange the inside of the flower Wind up a bee
Let it buzz Later it will fly
Trim the skin off the hand This will make the petals

IRENEUSZ IREDYŃSKI

Oto już kwiat I pszczoła fruwa
mechanizm pięknie brzęczy w jej brzuchu
Teraz na krzyżu dreszczyk perfidny

Pszczoła zapyla
kwiatek uczynion z twej dłoni

Więc widzisz słupki co były przedtem
palcami twymi Już zapylone
Pięknie się czerni na nich atrament
A ty potrząsasz krwawym kikutem

Pszczoła wlatuje na powrót w twe ucho

IRENEUSZ IREDYŃSKI

Here we have a flower And the bee flies
the mechanism buzzes nicely in its stomach
Now a treacherous chill in the spine

The bee pollinates
the flower made of your hand

So you will see pistils where before
were your fingers Already they are pollinated
Ink blackens nicely on them
And you shake your bloody stump

The bee flies back into your ear

1971
Translation by Ela Perepeczko

[bez tytułu]

te słowa istniały zawsze
w otwartym uśmiechu słonecznika
w ciemnym skrzydle wrony
i jeszcze
we framudze przymkniętych drzwi

nawet gdy drzwi nie było
istniały
w gałęziach prostego drzewa

a ty chcesz
żebym je miała na własność
żebym była
skrzydłem wrony brzozą i latem
chcesz
żebym dźwięczała
brzękiem uli otwartych na słońce

głupcze
ja nie mam tych słów
pożyczam
od wiatru od pszczół i od słońca

[bez tytułu]

zawsze kiedy chcę żyć krzyczę
gdy życie odchodzi ode mnie
przywieram do niego
mówię—życie
nie chodź jeszcze

HALINA POŚWIATOWSKA

[untitled]

these words have always existed
in the broad smile of a sunflower
in the dark wing of a crow
and also
in the frame of a half-closed door

even when the door was not there
they existed
in the branches of an ordinary tree

and you want me
to possess them
you want me to be
the wing of a crow a birch tree and summer
you want me
to sound
the buzz of beehives open to the sun

you fool
I do not have these words
I borrow
from the wind from bees from the sun

1958
Translation by Iwona Gleb

[untitled]

always when I want to live I cry out
when life is leaving me
I hang on shamelessly
I say—life
don't go yet

jego ciepła ręka w mojej ręce
moje usta przy jego uchu
szepczę

życie
—jak gdyby życie było kochankiem
który chce odejść—

wieszam mu się na szyi
krzyczę

umrę jeśli odejdziesz

[bez tytułu]

moim głównym zajęciem jest malowanie brwi
maluję brwi ze skupieniem
tak to czynią kobiety już przelękłe
nakłuwające luster powierzchnie uważnym spojrzeniem

narożnik kamienicy którą mijam każdego rana
zakręt ulicy którą przechodzę
wątłe palce pleśni obejmują ziarna piasku
rosną szpary w ścianach ogromnieją szpary w podłodze

kruszą się rozsypują ulice
wiatr je w cztery strony niesie
wiatr się z nimi w chowanego bawi

nagarniając włosy na policzki
patrzę jak kamienie porastają w trawy

HALINA POŚWIATOWSKA

his warm hand in my hand
my lips at his ear
I whisper

life
—as if life were a lover
who wants to leave—

I hang on his neck
I cry

I shall die if you leave

1964
Translation by Iwona Gleb

[untitled]

my principal occupation is painting eyebrows
I concentrate on painting eyebrows
like frightened women
piercing the surfaces of mirrors with careful eyes

in the corner of the tenement I pass each morning
in the bend of the street I cross
frail fingers of mildew embrace the sand
in walls and floors the cracks grow bigger

streets split and crumble
blowing to the four corners of the earth
the wind plays hide-and-seek with them

shaking my hair across my face
I see how stones cover themselves with grass

1966
Translation by Sylvester Domański

HALINA POŚWIATOWSKA

[bez tytułu]

czasem
stęskniona okrutnie
pojawiam się ludziom
w mojej dawnej twarzy
idę na moich dawnych stopach
i dotykam ich z uśmiechem
dawnymi rękoma

ale zdradza mnie
przejrzystość skóry
przypominającej strukturę papieru
i nieruchomość cienia
i po przejściu moim
brak najlżejszego śladu na śniegu

i nagle porażeni wiedzą
rozsuwają się wylęknieni
ofiarując mi wielką białą przestrzeń
bez horyzontu

HALINA POŚWIATOWSKA

[untitled]

sometimes
when I miss them terribly
I show myself to people
in my old face
I walk on my old feet
and smiling touch them
with my old hands

but what betrays me
is my transparent skin
with its paperlike texture
and the immobility of my shadow
and the absence of a footprint in the snow
after my passing

and suddenly struck by the knowledge
they pass around me afraid
offering me a giant white space
with no horizon

1968
Translation by Iwona Gleb

JAN GOCZOŁ

Urząd

To jest ten żółty dom, o szybach błyszczących jak
    nikiel gdy stygnie, jak rtęć;
To jest ten żółty dom, w którym drewno jest
    wygładzone z sęków, a nawet z twardego ucisku;
To jest ten dom, w którym biurka są prostokątne
    —bez wątpienia, i w którym
Wierzy sie w pieczęć, tak jak w Sziwę wierzy Hindus
    lub w Mahometa—Arab. Tutaj
Wspinać się trzeba długo i wysoko—że szczyty
    świerków nawet postrzegasz niżej okna—bo to jest dom,
Który ma wzbudzać szacunek, a czasem i pokorę. W jego korytarzach
Chroboczą kroki powolne i szybkie, rozgniewane
    i zawstydzone, lecz nigdy zamyślone tak,
Iżby powstać mogło podejrzenie o zdziwienie lub
    o wątpienie nawet; albowiem
Powiedziano: Wątpienie zostawcie słabym i lękliwym.
    Lecz i w tym wypadku skrajnym
Zwiotczałe przeświadczenia, czy bluźnierstwo zgoła,
    zostawić można o godzinie piętnastej zero-zero
Odkurzaczom, froterkom, czułości flanelowych ścierek,
    i wrócić do domu popołudniowego,
Gdzie w kuchni, białymi kaflami wyłożonej, podają obiad

JAN GOCZOŁ

An Office

This is the yellow house, with windows gleaming like
    nickel when it cools, like quicksilver;
This is the yellow house, where the wood
    is sanded smooth and free of friction;
This is the house, where desks are rectangular,
    no doubt, and where
You believe in a stamp like a Hindu believes in Shiva
    or an Arab in Mohammed. Here
You have to climb a long way—so you can see
    tops of firs beneath the window—because it is a house
that commands respect, and sometimes humility. In its corridors
Steps grate—slow and quick, angry
    and ashamed, but never thoughtful—for
Suspicion can arise at astonishment or even doubt, for
It is said, leave doubting to the weak and timid.
    Even in extreme cases, however,
At five o'clock, you can leave behind
    your feeble convictions or blasphemies
To the vacuum cleaners, to the waxers, to the tenderness of flannel
      dust rags
    and return to the evening house
With the white-tiled kitchen where they serve dinner

1974
Translation by Jolanta Raczko

85

EDWARD STACHURA

Wielkanoc na moim zamku

Co za gościnność może ten stół
nie wątpię pamięta obfitość bażantów
uda antylop nie tylko nie tylko
zastawy ozdobne i srebrne i złote
i dzbany co później trzaskane o mur

Co za gościnność może ten stół
nie przeczę mebel piękny na pewno
porcelana na nim czysto dźwięczy
a jeszcze pies rasowy to już cywilizacja

Co za gościnność może ten stół
co za pokusa jego nagość
co to za smak jest—politura

Można go tylko obchodzić dokoła
cały czas to robiłem pisząc ten stół

EDWARD STACHURA

Easter in My Castle

What hospitality maybe this table
remembers an abundance of pheasants
of hams of antelopes not only that not only that
ornate settings in silver in gold
and pitchers later crashing against walls

What hospitality maybe this table
it makes a fine piece of furniture
chinaware tingles clearly on top of it
and even a purebred dog that's civility

What hospitality maybe this table
what a temptation its bareness
what good taste—lacquer

One can only walk around it
which I've done all the time writing this table

1963
Translation by Marek Englender

EDWARD BALCERZAN

Człowiek do zaprogramowania

Kiedy już zwalczył w sobie co miał do
zwalczenia   Więc łupież i inne skłonności.
A trzeba wiedzieć skłonny był do rzeczy niskich
jak zbocze pasma gór   jak pasmo włosów
które na dno transzei z brzękiem pada

Kiedy już nawet skłonów
tułowia
zaprzestał

Gdy już wywalczył w sobie mózg !
elektronowy ! Z siecią
żaróweczek
pełną srebrnych myśli
z jednego zaciągu
a każda mogła znaczyć tylko tak
lub nie
tak nie

i czekał aż w nim ktoś zaprogramuje Ideę
zwalczania innych Jak
radośnie czekał

to właśnie wtedy się
musiało człowiekowi
zemrzeć   Świat go
zwalczył bo
akurat zwalczał w sobie wszystko co miał do
zwalczenia

EDWARD BALCERZAN

A Man Ready to Be Programmed

When he has already fought within himself what he had
to fight   which is his dandruff and his other inclinations
For you must know he was inclined to base things
like the way a mountain slopes downward   the way a lock of hair
falls to the bottom of a trench with a click

Even when he has already given up
bending
his body

When he has already forged a brain within himself
an electronic one! With a network
of light bulbs
full of silver thoughts
from a single cast
and each can only mean yes
or no
yes no

and he has been waiting till someone will program him to the Idea
of fighting others How
joyfully he has been waiting

just at that moment
the man has to
die   The world
defeated him because
it was fighting within itself all it had
to fight

1970
Translation by Jolanta Raczko

CZESŁAW KURIATA

Mówi człowiek

Tyle zamysłów i marzeń wyszarzało:
wtedy byłem człowiekiem o ruchach swobodnych
jak obrot liścia lub lot ptaka,
jak kształty obłoków wciąż nieprzewidziane.
Wzrok—to było światło na wolności,
słuch—to były głosy dowolnie modulowane,
dotyk—to był powrót w serdeczność i ciepło.
W sumie—ja o kształtach nieregularnych
żyłem najpełniej nie odczuwając siebie.

Teraz jestem nerwem i każde słowo uderzeniem,
jestem jak chory nerw zęba którym obracają
ustawiając w nowe, obce miejsca.
Tu moje słowo nic nie znaczy,
moj gest jest śmiesznym gestem arlekina,
którym zachłystuje się kilku widzów,
tych od tresury ciała . . .

Oto ja,
z ramieniem zawieszonym na linie,
i moje ręce idealne
gdy zmieniają się w ręce pajaca.

Oto ja,
metr sześćdziesiąt
powieszchnię stóp
przeciwstawiam kuli ziemskiej.

CZESŁAW KURIATA

A Man Speaks

So many plans and dreams became gray:
then I was a man of movements free
as the turn of a leaf or the flight of a bird,
as the shape of a cloud always unpredictable.
Sight—it was light at large,
hearing—there were voices freely modulated,
touch—it was a return to tenderness and warmth.
In all—the I of irregular shapes
lived completely without feeling myself.

Now I am a nerve and each word is a blow,
I am like the nerve in a bad tooth
twisted and reset in a strange new place.
Here my word means nothing,
my gestures are absurd, a harlequin's,
a few spectators choke with laughter,
those who have tamed their own bodies . . .

Here I am,
with my arm hanging on a string,
and my perfect hands
change into a puppet's.

Here I am,
five feet high
I set against the earth's sphere
the soles of my feet.

1961
Translation by Jolanta Raczko

RAFAŁ WOJACZEK

Mówię do ciebie cicho

Mówię do ciebie tak cicho jakbym świecił
I kwitną gwiazdy na łące mojej krwi
Stoi mi w oczach gwiazda twojej krwi
Mówię tak cicho aż mój cień jest biały

Jestem chłodną wyspą dla twojego ciała
które upada w noc gorącą kroplą
Mówię do ciebie tak cicho jak przez sen
płonie twój pot na mojej skórze

Mówię do ciebie tak cicho jak ptak
o świcie słońce upuszcza w twoje oczy
Mówię do ciebie tak cicho
jak łza rzeźbi zmarszczkę

Mówię do ciebie tak cicho
jak ty do mnie

Piosenka o poecie II

Poeta pisze o ojczyźnie
(mała wódka)
Poeta pisze o kobiecie
(mała wódka)
Poeta pisze (czysta wódka)
sztukę robi

Poeta pisze całe rano
(ile wódki)
Poeta pisze popołudniu
(dużo wódki)

92

RAFAŁ WOJACZEK

I Speak to You So Softly

I speak to you so softly as if I were glowing
and the stars bloom in the meadow of my blood
in my eye are the stars of your blood
I speak so softly my shadow turns white

I am a cool island for your body
which tumbles hot into the night
I speak to you so softly as in a dream
Your sweat burns my skin

I speak to you so softly like a bird
who at dawn drops sunlight in your eyes
I speak to you so softly
like a tear carving wrinkles

I speak to you so softly
as you to me

1967
Translation by Barbara Rejak
and Małgorzata Sady

A Song About a Poet II

A poet writes about the homeland
(a small vodka)
A poet writes about a woman
(a small vodka)
A poet writes (straight vodka)
making art

A poet writes all morning
(so much vodka)
A poet writes in the afternoon
(a lot of vodka)

RAFAŁ WOJACZEK

Poeta pisze wieczór noc
(hektar wódki jak mówi
B. Antochewicz Kapitan MO)

Poeta pije
(szkoda słów)

[bez tytułu]

Włosy senne senna suknia Lesbia senna
  Wrzos snu słodko sypie arszenikiem
Słuch zasypia głos ucicha Bóg umiera
  Głucho szumi muszla oceanu
Biała ryba ciała wolno pływa

RAFAŁ WOJACZEK

A poet writes all through the night
(acres of vodka as B. Antochewicz
a captain of police said)

A poet drinks
(enough said)

1971
Translation by Ela Perepeczko

[untitled]

Sleepy hair sleepy clothes sleepy Lesbia
    Heather of dream sweetly pours arsenic
Hearing sleeps the voice falls silent God dies
    Muffled the ocean rustles like a conch
The white fish's body floats slowly

1972
Translation by Barbara Rejak
and Małgorzata Sady

EWA LIPSKA

Jeśli istnieje Bóg

Jeśli istnieje Bóg
—będę u niego na obiedzie.
Zamiast światła: czerwony głóg.
Anioł po mnie samochodem przyjedzie.
Gołębice obłoków tłustych
będą się trzepotały na składanym stole.
Będziemy pili z dzbanów pustych
święconą wodę i wolną wolę.

Jeżeli nawet Bóg ma krótkie palce
może i tak z nich wyssać wieczność.
Jeżeli Bóg jest poliglotą
może tłumaczyć święte wiersze
do antologii jeszcze świętszej
od przenajświętszej kropli pierwszej
z której urosła rzeka.

Potem się na rowerach przejedziemy
z Bogiem po czereśni. Po rajskim pejzażu.
W wazonach ziemskie sitowie.
Drapieżniki leżą odłogiem.

Wreszcie Bóg zejdzie z roweru i powie
że to on właśnie
jest Bogiem.
Wyciągnie lornetę. Każe mi
oglądać ziemię. Wyjaśni
jak do tego doszło.
Od ilu lat uprawia ten proceder
i nieomylnie myli się nad światem
samolociki pomysłów wypuszczając na wiatr.
Jeśli Bóg jest wierzący
to modli się do siebie o stałą nadzieję.

If There Is a God

If there is a God
—I'll have dinner with him.
Instead of lights, a red hawthorn.
An angel will come for me in a car.
Doves like fat clouds
will flutter on a folding table.
From empty pitchers we will drink
holy water and free will.

Even if God has short fingers
he can still suck eternity out of them.*
If God is a polyglot
he can translate holy poems
for the anthology even holier
than the first drop, holy of holies,
from which a river sprang.

Then we will go cycling God and I
over a cherry tree over a paradisal landscape.
In vases terrestrial reeds.
Predators lie fallow.

Then God will get off his bike and say
that it is he
who is God.
He will take out his binoculars. He will tell me
to watch the earth. He will explain
how it came to be
how long he has gone on with this business
and how unerringly he has erred with this world
casting ideas like paper air planes into the wind.
If God is a believer
he prays to himself for perpetual hope.

---

*Wyssany z palca (lit. "sucked from a finger") means "untrue" or "told as a lie." ED.

Woły niosą słońce na rogach.
Stół składany się chwieje na nogach.
Ja dostanę lekarstwo od Boga
i wyzdrowieję
zaraz po śmierci.

Ostrzeżenie

Ostrzegam cię przed tobą.
Nie miej do siebie zaufania.
Możesz sobie strzelić w tył głowy
nawet nie wiedząc kiedy.

Albo wybiegając przed siebie
możesz o sobie zapomnieć
i pozostawić w tyle.
Jesteś do tego zdolny.

Nie ufaj swojej prawej ręce.
Może podpisać na ciebie wyrok śmierci.
Nie ufaj swojej lewej ręce—
jest zdolna być prawą.

Uważaj na swoje myśli
które opuszczą cię nagle
katapultując z płonącego samolotu mózgu.

Unikaj milczenia
z którego zbyt często korzystasz—
ono może rozwiązać ci język.

Oxen carry the sun upon their horns.
The folding table sways on its legs.
I will get medicine from God
and recover
just after I die.

1971
Translation by Elżbieta Majnusz
and Marek Englender

Warning

I am warning you about yourself.
Don't trust yourself.
You can shoot yourself in the back of the head
at any time.

Or passing yourself
you can forget yourself
and be left behind.
You're capable of that.

Do not trust your right hand.
It can sign your death sentence.
Don't trust your left hand—
it is capable of being your right.

Be careful of your thoughts
which will leave you suddenly
catapulting from the burning surface of your brain.

Avoid silence
which you use too often—
it can untie your tongue.

1974
Translation by Jolanta Raczko and Danuta Gabryś

EWA LIPSKA

Dzień Żywych

W Dniu Żywych
umarli przychodzą na ich groby
—zapalają neony

i przekopują chryzantemy anten
na dachach wielopiętrowych grobowców
z centralnym ogrzewaniem.

Potem
zjeżdżają windami
do swej codziennej pracy:
do śmierci.

EWA LIPSKA

Halloween for the Living

On this Halloween
the dead descend to the graves of the living
—they switch on neon lights

and they dig through chrysanthemums of aerials
to the roofs of multi-storied tombs
with central heating.

Then
they ride the elevator
down to their everyday work:
to death.

1974
Translation by Krystyna Kamińska
and Janusz Maliszewski

STANISŁAW BARAŃCZAK

Pusty

Kiedyś ja sama w ciebie wejdę, niczym ręka
w rękawiczkę. Jak ona, zaplanuję twoje
kształty i poruszenia. I przez twoją skórę
ledwie wyczuję żwir i popękany granit.

Ty, tak opustoszały pomieszczeniem dla mnie,
po stokroć przypuszczonej; ja, tak nieobecna
w twoich półmrocznych przejściach, zakamarkach tajnych,
w ich pustych odebrzmieniach, gdy uderzyć głucho.

W mroku rozszerzyć siebie, rozmnożyć na wszystkie
strony w tobie. Dopiero kiedyś. Jeszcze wierzysz,
żeś jest i instrumentem wewnątrz futerału.
To ja dopiero będę twoimi słowami.

STANISŁAW BARAŃCZAK

Empty

Sometimes I myself* will slide into you, as a hand
into a glove. Like it, I will decide
your shape and movement. And through your skin
I'll barely feel the gravel and crushed granite.

You, having cleared a space,
for me a hundred times expectant; for me so absent
in your half-darkened passages, secret recesses,
in their empty echoing, when you strike dully.

I would extend myself in the darkness, multiply inside you
in all directions. Only some day. You still believe
that you are also an instrument inside its case.
For it is I who will be your words.

1968
Translation by Jolanta Raczko and Danuta Gabryś

---

*In Polish the pronoun *sama* is feminine. ED.

ANDRZEJ WIĘCKOWSKI

Elegia apostolska

jeśli nie chcesz mieć domu
kochanki ni żony sławy
i jeśli dosyć masz mądrości
by nie chcieć naukowej wiedzy
i satysfakcji cichej z dobrego uczynku

gdy przyjemności lotnej myśli zaprzestaniesz
rozumu nie postradasz
a modlić się nie będziesz nawet

gdy wolę swą zarżniesz wiarą
w sprawiedliwy świat
i ciałem urodzajnym
skarmisz ten swój lud żebraczy
nie dziękując mu za żarłoczność
ani też go ganiąc

gdy rozsądek im zabierzesz
by mogli rozum wiązać z wiarą
jak wołu do pługa się wiąże
by wreszcie u siebie
mogli być na ziemi ci goście
niesforni i nie troszczyli się
kogo ze swych braci jutro zjeść

gdy w końcu utracisz
nawet radość z wiary
wreszcie sama wiara
ujdzie ci przed życiem
gdy swego kata ujrzysz
wokół szyi zaciśnięte ręce

ANDRZEJ WIĘCKOWSKI

Apostolic Elegy

if you don't want a home
a mistress a wife or glory
and if you have enough of wisdom
not to crave scientific knowledge
and the quiet satisfaction of a good deed

when you give up the pleasure of lofty thoughts
you won't lose your good sense
and you won't even pray

when you slaughter your will with faith
in a just world
and feed the poor
with a fertile body
not thanking or blaming them
for being voracious

when you take away their senses
to tie up their minds with faith
as you do an ox with a plow
to let them at last be at home on earth
these unruly guests
and not to care
which of their brothers will eat tomorrow

when you finally lose
even your joy in faith
when the faith itself
flees before life ends
when you see your executioner's hands
clutched around your neck

ANDRZEJ WIĘCKOWSKI

baranku ja opłatek czysty
to będzie twój brat
tobie najbliższy
który twoich rąk pieszczotą
i twoich powiek gilotyną
światło ci zamknie

ale jeszcze spójrz na niego
powie ci poemat
z obfitości serca
apostoł twój najrozumniejszy
a nie jakiś ewangelista

ANDRZEJ WIĘCKOWSKI

o lamb pure as the host
he will be your brother
dearest to you
who with the caress of your hands
and with the guillotine of your eyelids
will cut off the light

but look at him once more
he will give you a poem
from the abundance of his heart
he, the wisest of apostles
but no evangelist

1976
Translation by Sylvester Domański

LECH ISAKIEWICZ

Przygotowania do podróży

Rano widzę kawałek podłogi,
Na której wczoraj ledwie zostawiłem ślad.
We śnie długo rozbierałem się z twarzy;
Oczy pozostawały nieruchome.
Odnajduję je teraz przed sobą—
Bezradnie usiadły pod ścianą.
Za mną walizki, spakowane meble,
Dziwnie małe ubrania i sznurki.
Nie wiem, który ująć by otworzyć okno
I zamknąć przed sobą drzwi.
Zwijam się w kłębek. Sen nadchodzi
Spóźniony. Staje na innym peronie.
Za nim go dopadam—rusza.

LECH ISAKIEWICZ

Preparations for a Journey

In the morning I see a piece of the floor
Where yesterday I hardly left a trace.
In a dream I was slowly taking off my face;
The eyes remained fixed.
Now I find them before me—
Helpless they rest against the wall.
Behind me suitcases, packed furniture,
Strangely small clothes, bits of string,
I don't know which opens the window
And which closes the door in front of me.
I curl into a ball. Sleep arrives
Late. It stops at the next platform.
I try to catch it—it starts.

1976
Translation by Sylvester Domański

JULIAN KORNHAUSER

Cylinder

Daliśmy się złapać na lep poezji,
wyjeżdżaliśmy w góry twórczości ludowej,
powietrze było kolorową wycinanką,
mina serca nie wybuchła. Daliśmy
się złapać na lep poezji, mówiliśmy:
jakie to szczęście móc zabijać
wyobraźnię i dzień, dzień i sztukę.
Sztuka zarzuciła nam kaptur na głowy,
głowa uderzała o ścianę prawdy,
osypywał się tynk. Kto jest
mądrzejszy, my czy poezja? Krzyczeliśmy—
my! Otwierali ciemnię sceny, na której
sprzedawaliśmy głosy, nieufność, bicz
satyry uderzał w twarz suflera. Krzyczeliśmy—
poezja! Pękał kordon metafor, wylewała
się na ulicę lepka ciecz, spływała do
kanałów, ktoś zwracał uwagę na kolor,
taki ładny. Tak, ładny jest kolor
nienawiści, której nałożono cylinder.

Moja żona śpi, Iliczu

Paryż, 1904 rok, Łunczarski wita Lenina na dworcu,
malarz Aronson wykonuje portret Sokratesa, szelest
ogłupiałych poetów, panie z towarzystwa okazują się
agentkami obcego mocarstwa o co walczył Lef, Mierkułow
rzeźbi gipsowe popiersie, żydowskie kawały podczas
gry w szachy, Bóg z głową konia wyciera tłuste palce
w fartuch, kwadratowe okienka partii, tu leży cieśla,

JULIAN KORNHAUSER

Top Hat

We stuck to the flypaper of poetry,
we wandered through the mountains of folk art,
the air was a bright paper flower,*
the mine of our heart had not yet exploded. We stuck
to the flypaper of poetry; we used to say
how lucky we are to kill
the imagination and daily life, daily life and art.
Art threw a hood over our heads,
a head struck the wall of truth,
the plaster crumbled. Who is
cleverer, we or poetry? We cried,
we! They used to raise the curtain on a dark stage,
selling voices, suspicion; a whip
of satire lashed the prompter's face. We cried,
poetry! The barricades of metaphor collapsed, a sticky liquid
flowed out into the street, ran down
the sewers; somebody noticed how beautiful
the color was. Yes, it's the beautiful color
of hatred over which a top hat is placed.

1973
Translation by Ela Perepeczko

My Wife Sleeps, Ilyich

Paris, 1904, Łunczarski welcomes Lenin at the station,
Aronson, the painter, does a portrait of Socrates, the rustle
of stupefied poets, the well-known ladies turned out to be
agents of a foreign government, what did Lef fight for,
Mierzkułow sculpts the plaster bust, Jewish jokes while playing chess,
God with the horsehead cleans his fat fingers
on an apron, the square windows of the party, here lies the carpenter,

---

*The *wycinanka*, a complex paper cutout, is a traditional Polish folk art form. ED.

111

towarzyszu, a tam dalej jakiś Serb, dębowy zegar z epoki
fin de siecle, w tym pomieszczeniu kilka rzek jeszcze
bez nazw, może być Leta, ziemia dla chłopów, dla wszystkich,
Kruczonych walczy o żargonowe wyrażenia w rodzaju: bić
w mordę, aby lepiej wyrazić rewolucję, nie je, ściska
dłon, nie ma czasu, jak to, świeże mogiły robotników,
Vallotton pisze cyrylicą na krzyżu: dureń jest ozdobą życia,
a w nawiasie Gorki, poemat Lenin jest ukończony
i Majakowski dzwoni do huty szkła z zapytaniem o termin
wieczoru autorskiego: niestety Włodzimierzu Włodzimierowiczu—
odpowiadają-na razie robimy rewolucję, w Paryżu
jest marzec i ciepło, Lenin wychodzi z domu na palcach,
aby nie zbudzić żony przyszłego ministra oświaty.

Choroba

Zmasakrować poetów. Z pochwy snu wyskakuje śmierć,
Bunin rozśmiesza zonę. Zmasakrować poetów, w fabrykach
udajemy smutnych rewolucjonistów, Majakowski w śliskich
zwojach mózgu. Tęsknota do ciepłych ławek, gdy krwią
opuchnięty księżyc, jest chorobą nieuleczalną. Łatwiej
oczarować małych chłopców kolorowymi piórami niż wspomnieć,
że dom jest ślepy. Zresztą, kto ich tam wie. Zaglądają do
pokoju, kreślą znak krzyża, jak dziadek nauczył, wkładają
fałszywą kopiejkę w usta zmarłego i klaszcząc
w pulchne rączki, krzyczą zapamiętale: chodźmy, chodźmy
spać, bo już późno.

JULIAN KORNHAUSER

comrade, and there a Serb, the oak clock of
fin de siècle, in this chamber some rivers are still
without names, let's try Leta, the earth for the peasants, for all,
Kruczonych fights for common speech, a sort of "punch him in the
nose" to express the revolution better, he doesn't eat, shakes
hands, he doesn't have time, just like this, the fresh graves of the
    workers,
Vallotton writes in Cyrillic on the cross: a fool is the ornament of life,
and in brackets Gorki, the Lenin poem is finished
and Mayakovsky phones the glass foundry with a question about the
    time
of the writers' meeting, unfortunately, Vladimir Vladimirovich,
they answer, for the time being we are making the revolution in Paris
it is March and warm, Lenin leaves home quietly
not to wake the wife of the future Minister of Education.

1975
Translation by Ela Perepeczko

Illness

Massacre the poets. Death leaps out of the dream box.
Bunin makes his wife laugh. Massacre the poets, in the factories
we pretend to be sad revolutionaries, Mayakovsky in the slippery
convolutions of the brain. The longing for warm benches, when the
    blood-swollen moon
is the incurable illness. It is easier
to fascinate little boys with bright feathers than to remember
that the house is blind. Anyway, who understands? They look
into the room, make the sign of the cross as their grandfathers taught
    them,
put a fake kopek on the dead man's lips, and clapping their plump hands
they keep shouting: let's go, let's go
to bed because it's late.

1975
Translation by Ela Perepeczko

The Poets

JERZY AFANASJEW. Born in 1927, Jerzy Afanasjew is best known as a prose writer. He has also worked in and written about Polish films and filmmakers. His distinguished biography of the Polish actor, Zbigniew Cybulski, is well known in Poland.

EDWARD BALCERZAN. Born near Charkow in 1937, Balcerzan studied literature at Adam Mickiewicz University in Poznań and has followed an academic career there. He is known as an academic critic as well as a poet.

STANISŁAW BARAŃCZAK. A young academic critic and poet, Barańczak was born in Poznań in 1946 and studied Polish literature at Adam Mickiewicz University, where he is continuing his studies in literary theory and serving as an assistant. His first collection of poems appeared in 1968.

MIRON BIAŁOSZEWSKI. A poet obsessed with strange words and ordinary things, Białoszewski was the subject of heated controversy in 1956 in Warsaw—both for his avant-garde drama and for his poetry. A resident of Warsaw, he was born in 1922.

ERNEST BRYLL. A "modern" poet in the American sense, Bryll creates dry, intellectual, distanced, and allusive poetry which shows his deep debt to Poland's nineteenth-century master poet and precursor of modernism, Cyprian Norwid. Bryll, a novelist and playwright as well as a poet, was born in Warsaw in 1935, and studied film and literature there. He is presently the Director of the Polish Institute of Culture in London.

ANDRZEJ BURSA. A Cracow poet, Bursa was born there in 1932, studied at the Jagiellonian University there, worked there as a journalist, and died there in 1957, by his own hand. His work was published posthumously, in 1958.

JAN GOCZOŁ. Jan Goczoł, born in Rozmierz in 1934, was educated in Opole, where he now works. His poetry has been collected in four volumes to date.

STANISŁAW GROCHOWIAK. Grochowiak, a "new wave" poet whose macabre gallows humor is always attractive to the young, was acused by his enemies of "turpism" (obsession with the grotesque) in the 1950s and early 1960s. He was born in 1934 in Leszno and studied at Poznań and Wrocław. He lived and worked in Warsaw and died there in 1976.

JERZY HARASYMOWICZ. Born in 1933 in Puławy and now living in Cracow, Harasymowicz published his first collection, *Cuda (Wonders)* in 1956 and established himself as a surrealist poet. He is also often associated with the landscape and villages of the Carpathian countryside, from which he takes so much of his imagery.

ZBIGNIEW HERBERT. Herbert is Poland's major ironist. Born in Lwów in 1924, Herbert did not publish before the liberalization of Polish literature in 1956, but since then his reputation, both at home and in Western Europe and America, has grown rapidly. Returned from a year in the United States, Herbert is now living in Warsaw.

MAŁGORZATA HILLAR. Born in 1930 near Gdańsk, Małgorzata Hillar studied at Warsaw University and published her first collection of poems in 1955.

IRENEUSZ IREDYŃSKI. Iredyński, who was born in Stanisławów in 1939, now lives in Warsaw. He is a prose writer and playwright as well as a poet.

LECH ISAKIEWICZ. The works of Isakiewicz, one of the youngest poets, have appeared extensively in student and "underground" publications.

MARIAN JACHIMOWICZ. Born in the village of Schodnie in 1906, Jachimowicz has published his nine collections of poetry over thirty years. He now lives in Górnik, where he is a librarian.

TYMOTEUSZ KARPOWICZ. Born in the Wilno region of Lithuania in 1921, Karpowicz settled in Silesia after the war but remained fairly silent until 1956. A precise and compressed poet, Karpowicz is also a journalist and a playwright. He lives today in Wrocław.

JULIAN KORNHAUSER. Born in 1946 in Gliwice, Kornhauser continues his graduate study at Jagiellonian University, Cracow, in Slavistics. His poems have appeared in two collections, one in 1972 and the other in 1973.

URSZULA KOZIOŁ. Born in 1931 in Rakówka, Kozioł, who now lives in Silesia, is a classically oriented and yet an antitraditionalist poet. She has been writing both prose and poetry since the mid-fifties.

TADEUSZ KUBIAK. Born in Warsaw in 1924, Kubiak was educated at Cracow and Warsaw, where he was associated with various literary movements after the war. He has been publishing his poetry since the early 1950s.

CZESŁAW KURIATA. Born in 1938, Kuriata studied Polish philology at Adam Mickiewicz University in Poznań. His prize-winning first collection of poems appeared in 1961. He has since established himself as a novelist.

EWA LIPSKA. Born in Cracow in 1945, Ewa Lipska published her first poem in

1961 at age sixteen and her first collection when she was twenty-two. She is one of Poland's best-known young poets.

TADEUSZ NOWAK. Although he studied at the Jagiellonian University in Cracow and now lives in that city, Nowak, who was born in the village of Sikorzyce in 1930, is generally known as a "peasant surrealist." He began as a newspaper poet, but he has been collecting his poems since the mid-fifties.

HALINA POŚWIATOWSKA. Born in 1935 in Częstochowa, Poświatowska studied at the Jagiellonian University in Cracow and followed an academic career there. She died in 1967.

TADEUSZ RÓŻEWICZ. Born in 1921 in the Warsaw region, Różewicz is known as one of the darkest and most negative of Poland's major poets. A "naked" poet, an "absurdist" dramatist, and a widely translated writer of fiction, Różewicz now lives in Wrocław.

EDWARD STACHURA. Born in France in 1937, Stachura studied at Warsaw and made his debut as a poet in 1957. He also is known as a writer of prose.

WISŁAWA SZYMBORSKA. A clever and highly sophisticated poet and a poet with philosophical inclinations, Szymborska was born near Poznań in 1923, studied at the Jagiellonian University, Cracow, and made her literary reputation in that city's poetic circles in the 1950s and 1960s.

ANDRZEJ WIĘCKOWSKI. The poems of Więckowski have appeared extensively in student and "underground" publications.

RAFAŁ WOJACZEK. Born in 1945, Wojaczek has a special place in the imagination of young literary Poland. He studied at Cracow, and, after a brilliant beginning as the young poet of the sixties, Wojaczek committed suicide in Wrocław in 1971.

Pitt Poetry Series
Paul Zimmer, General Editor

Pitt Poetry Series

James Moore, *The New Body*
Carol Muske, *Camouflage*
Gregory Pape, *Border Crossings*
Thomas Rabbitt, *Exile*
Belle Randall, *101 Different Ways of Playing Solitaire and Other Poems*
Ed Roberson, *Etai-Eken*
Ed Roberson, *When Thy King Is A Boy*
Eugene Ruggles, *The Lifeguard in the Snow*
Dennis Scott, *Uncle Time*
Herbert Scott, *Groceries*
Richard Shelton, *Of All the Dirty Words*
Richard Shelton, *The Tattooed Desert*
Richard Shelton, *You Can't Have Everything*
Gary Soto, *The Elements of San Joaquin*
David Steingass, *American Handbook*
David Steingass, *Body Compass*
Tomas Tranströmer, *Windows & Stones: Selected Poems*
Alberta T. Turner, *Learning to Count*
Alberta T. Turner, *Lid and Spoon*
Marc Weber, *48 Small Poems*
David P. Young, *Sweating Out the Winter*